ALLOCUTION

PRONONCÉE

A L'OCCASION DU MARIAGE

DE M. ÉMILE DRION

ET

DE MLLE JEANNE BOCH

Le 8 mai 1878

PAR

M. LE CHANOINE POÜAN

Docteur en théologie et en droit canonique
Professeur à la Faculté de droit
Directeur général des collèges de l'Université catholique
d'Angers

TOURS

ALFRED MAME ET FILS, IMPRIMEURS

M DCCC LXXVIII

ALLOCUTION

PRONONCÉE

A L'OCCASION DU MARIAGE

DE M. ÉMILE DRION

ET

DE MLLE JEANNE BOCH

Le 8 mai 1878

PAR

M. LE CHANOINE POÜAN

Docteur en théologie et en droit canonique
Professeur à la Faculté de droit
Directeur général des collèges de l'Université catholique
d'Angers

TOURS

ALFRED MAME ET FILS, IMPRIMEURS

M DCCC LXXVIII

A LA MÉMOIRE VÉNÉRÉE

DE

M. AUGUSTE DRION

ET DE

M. HOUTART-COSSÉE

Mademoiselle,

Monsieur,

Si je tiens, sur la recommandation de l'Église, à vous rappeler ici tout d'abord l'auguste dignité du sacrement que vous allez recevoir, c'est moins pour votre instruction, sans doute, que pour la satisfaction de vos religieux sentiments. Je sais, en effet, que, dès l'enfance, la foi éveilla en vous le sens des choses de Dieu; et votre cœur, sanctifié par la grâce, s'élève de lui-même vers ces sommets lumineux que ne peut apercevoir la courte vue des enfants du siècle. Vous n'ignorez point, en particulier, ce que l'apôtre saint Paul a dit du mariage chrétien. Vous vous rappelez en quels termes pénétrants et sublimes il caractérise ce sacrement, qu'entre tous les autres il salue comme grand, grand dans le Christ et dans l'Église : *Sacramentum hoc magnum est, ego autem dico in Christo et in Ecclesia*[1].

1. — Elle fut grande, à la vérité, l'intervention du Dieu créateur, alors que, sous les ombrages du paradis terrestre, après avoir pétri le cœur de la femme de la chair, j'allais dire du cœur même de l'homme, il voulut la conduire lui-même à son époux, mettre sa main dans sa main, unir de son souffle, qui est esprit, ces deux cœurs où circulait le même sang, et en face de l'arbre de vie, dans le délicieux mystère d'un amour encore pur, donner à notre premier père une compagne digne de lui, une aide qui lui fût semblable : *adjutorium simile sibi*[2].

[1] *Ephes.* v, 32.
[2] *Genes.* xviii, 2.

Elle est demeurée grande cette institution, qui, en élevant l'homme à la dignité de cause, l'associe à Dieu dans la conservation du monde, soumet à l'initiative de la créature la puissance du Créateur, et remet aux mains des mortels ce flambeau de la vie qu'ils devront passer aux générations futures avant que s'allume pour celles-ci le flambeau de la grâce. — Elle est grande aussi cette disposition providentielle à laquelle nous devons que le nom trois fois saint de notre Dieu servit précisément de racine au nom symbolique donné par Adam à sa compagne, pour indiquer, je pense, que le mariage est un contrat privilégié dont le Seigneur se réserve d'être à toujours le témoin et le garant[1]. — Elle est grande surtout, grande et féconde cette bé-

---

[1] Cf. *Genes.* II, 23. « Dixitque Adam : « Hoc nunc, os ex ossibus meis, et caro de carne mea : hæc vocabitur virago, quoniam de viro sumpta est. » Cornelius a Lapide fait, à propos de ce texte, la remarque suivante : « Symbolice et lepide R. Abraham ben Ezra notat in voce *isscha* contineri nomen contractum Dei *ia,* qui est auctor conjugii. » Cf. CORNEL., *Comm. in Pentateuch.*

nédiction que Dieu surajouta à son œuvre[1], et qui, selon la remarque de l'Église dans l'admirable liturgie des nouveaux époux, survécut seule aux ruines originelles, et seule, accompagnant l'arche sur les eaux vengeresses, échappa au naufrage de tous[2]; cette bénédiction, devenue à travers la nuit des temps l'unique espoir d'une postérité qui en attendait les ancêtres de son Rédempteur; cette bénédiction, que le Christ lui-même daignera rajeunir, lorsque, consacrant par sa présence la solennité des noces humaines, il les honorera de son premier miracle, et nous enseignera, par le changement de l'eau en vin, que toutes choses, dans le mariage, doivent se changer de bien en mieux : *ut cun-*

---

[1] *Genes.* 1, 27-28. « Et creavit Deus hominem ad imaginem suam; ad imaginem Dei creavit illum, masculum et feminam creavit eos. — *Benedixit*que illis Deus, et ait : Crescite, et multiplicamini, et replete terram, et subjicite eam... »

[2] *Miss. Roman*, Orat. infra action. super sponsos. « ... Deus, per quem... societas principaliter ordinata ea benedictione donatur, *quæ sola nec per originalis peccati pœnam, nec per diluvii est ablata sententiam*... »

cta in melius immutentur, dit saint Grégoire le Théologien[1]. — Elle est grande enfin, cette institution des premiers jours, baptisée plus tard dans le sang du Christ Notre-Seigneur, et, par ses mérites, élevée à la hauteur inaccessible des sacrements. Oui, il est grand, il est ineffable ce sacrement de la Loi nouvelle, dessiné sur les lignes mêmes du plan divin, d'après lequel le Christ, endormi sur l'arbre de la croix, s'est uni à l'Église, subordonnant à la bénédiction nuptiale la mystique fécondité de son épouse, et attendant du mariage les pierres innombrables de la Jérusalem céleste, de ce temple éternel que se prépare le Dieu vivant, et dont les assises seront formées d'esprits et de corps glorifiés : *Sacramentum hoc magnum est... in Christo et in Ecclesia.*

11. — Vous savez cela, jeunes et chrétiens fiancés. C'est ainsi que vous avez compris le

---

[1] Gregor. Theol., *Epist.* ccxxxii. *Diocli.* Migne, t. XXXVII, col. 375. « Καὶ τὸ γενέσθαι οἶνον τὸ ὕδωρ, τὸ δέ ἐστι, πάντα μεταποιεῖσθαι εἰς τὸ βέλτιον. »

mariage. Les anciens disaient : La joie véritable est chose austère : *Severa res verum gaudium*[1]. Mettant l'accord entre votre conduite, votre raison et votre foi, vous avez, vous, compris que l'amour véritable, que l'amour chrétien est chose austère et sainte : *Severa res verum studium*. Ce sont vos âmes qui se sont cherchées tout d'abord, et qui se sont entendues. Ce sont vos âmes qui vont s'embrasser en Dieu dans l'unité sacramentelle d'une même chair : *Et erunt duo in carne una*[2]. Avant tout, vous avez eu souci de vos âmes, et non de ce vain fantôme

. . . . . . de poussière et d'argile,
Qui s'use en quelques jours, ainsi qu'un vil manteau,
Que réclame la mort et qu'attend le tombeau [3].

A d'autres, pourrais-je dire encore avec saint Grégoire de Nazianze, la recherche exclusive des richesses et des vêtements

---

[1] SENÈQUE.
[2] *Genes.* II, 24.
[3] MARQUIS DE SÉGUR, *Sainte Cécile*.

somptueux[1]. Qu'ils tiennent uniquement aux parures de prix, ceux à qui l'honnêteté des mœurs et la probité de la vie n'ajoutent point de splendeur[2]! Il n'est pas de fleur dont l'éclat égale, à vos yeux, celui d'une renommée sans tache[3]. Pour vous, honneur passe encore richesse, et pour vous, honneur dit vertu. Je ne sais même si je suis trop téméraire en appliquant à votre résolution ce que le pieux Docteur qui m'inspire écrivait du mariage de ses saints parents, à savoir, qu'il

---

[1] Gregor. Theol., Parœnetic. Carm. ad Olympiad. Migne, Patrol., xxxvii, col. 1542.

> Sint aliis pulchræ, Tyrio sint murice tinctæ
> Vestes, purpureæque.
> . . . . Εἵματα δ'ἄλλαις
> Πορφύρεα, χρύσεα, διαλαμπέα, σιγαλόεντα.

[2] Gregor. Theol. Ibid.

> « . . . . Quibus nil scilicet affert
> Splendoris probitas vitæ et præstantia morum.
> Αἷς οὐδὲν βιότοιο διαυγέος εὖχος ἔπεστιν.

[3] Gregor. Theol. Ibid.

> Moribus haud ullus flos est mage lætus honestis
> Et fama egregia, certaque et labe carente.
> . . . . 'Ο δὲ τρόπος, ἄνθος ἄριστον
> Ἔμπεδον, ἀστυφέλικτον, ἀοίδιμον εὖχος ἐχούσῃ.

avait uni deux vertus avant d'enchaîner deux cœurs[1]. Mes chers amis, si ce rapprochement n'est un éloge, qu'il soit du moins un vœu : puissent vos heureux commencements donner tout ce qu'ils promettent !

Mademoiselle, entrez avec confiance dans la grande et chrétienne famille dont je veux être ici, devant Dieu et devant vous, le répondant. Vous saurez bientôt, comme je l'ai su moi-même, de quelles nobles et tendres jouissances sont faites les années qu'on passe à son foyer. — J'ai entendu, dit encore saint Grégoire, les Écritures se demander, dans leur admiration : Qui trouvera la femme de vertu ? Elle est, par son prix, le diamant des contrées lointaines. *Mulierem fortem quis inveniet ? Procul et de ultimis finibus pretium*

---

[1] GREGOR. THEOL. Funebr. orat. in patrem, præsente Basilio. Migne, t. XXXV, col. 994. « Ita enim... optima et præclarissima quæque in unum confluxerant, ut hoc matrimonium non minus virtutis quam corporum nexus esset. » — « Οὕτω γὰρ... εἰς ἓν συνῆλθε τὰ κράτιστα, ὥστε οὐχ ἧττον ἀρετῆς ἢ σωμάτων γενέσθαι συζυγίαν τὸν γάμον. »

ejus[1]. Je les ai entendues proclamer qu'un saint mariage est un présent de Dieu ; et les païens eux-mêmes, en cela d'accord avec nous, ont écrit qu'aucun trésor n'est comparable à la main d'une épouse vertueuse : *Nullam proba uxore meliorem rem cuique obvenire posse*[2]. Mademoiselle, accueillie comme le don de Dieu par votre nouvelle famille, soyez-en dès aujourd'hui l'ange consolateur. Ornée de votre modestie, ne songez qu'à conserver cet éclat discret qui commande le respect et qu'admire timidement le regard[3]. Rendant d'abord à Dieu l'hommage adora-

---

[1] *Prov.* xxxi, 10.

[2] Gregor. Theol. Orat. funebr. in patrem. « Γυναῖκα μὲν ἀνδρείαν τίς εὑρήσει ; τῆς θείας ἤκουσα λεγούσης Γραφῆς· καὶ τὸ δῶρον θεόθεν εἶναι, τὴν ἀγαθὴν παρὰ τοῦ Κυρίου συζυγίαν ἁρμόζεσθαι. Τὸ δ᾽ αὐτὸ δοκεῖ καὶ τοῖς ἔξωθεν· εἴπερ ἐκείνων τὸ *, Γυναικὸς ἀνὴρ χρῆμ᾽ οὐδὲν ληΐζεται κάλλιον ἐσθλῆς, οὐδὲ χεῖρον τῆς ἐναντίας. »

[3] Gregor. Theol. Cit. *Paraenet. Carm. ad Olympiad.*

   Cura pudicitiæ tibi sit, tibi cura decoris
   Illius occlusi, quem demirantur ocelli.

   Σοὶ δὲ σαοφροσύνη τε μέλοι, καὶ κάλλος ἀγητόν
   Ὄμμασι κευθομένοισιν. . . . .

* Hesiod. *Oper. et dier.*, v. 700.

teur qui lui est dû, respectez ensuite, dans votre époux, celui que Dieu a constitué l'œil de votre vie et la lumière de vos conseils [1]. A lui seul et toujours, après Dieu, votre amour; en lui seul votre joie [2]. Le mariage met tout en commun, les joies aussi bien que les douleurs [3]. Que l'alliance étroite des cœurs mette en commun, chez vous, le sourire et les larmes [4] : c'est par les degrés de cette

---

[1] Gregor. Theol. Orat. funebr. in patrem.
Primo Dei numen, posthac venerare maritum,
Vitæ oculum, et tua qui sapiens consulta gubernat.
Ἄξεο μὲν πρώτιστα Θεὸν, μετέπειτα δ' ἀκοίτην,
Ὀφθαλμὸν βιότοιο, τεῆς σημάντορα βουλῆς.

[2] Ibid.
Hunc et semper ames unum, lætaris et uno.
Τὸν μοῦνον φιλέειν, μούνῳ δέ τε θυμὸν ἰαίνειν.

[3] Ibid.
Cuncta etenim nexus communia reddit utrique
Conjugii...
Πάντα γὰρ ἀμφοτέροισι βίου ξυνώσχτο δεσμός.

[4] Ibid.
Sint tibi lætitiæque omnes, sævique dolores,
Sint tibi communes charo cum conjuge curæ.
Ξυνὰς δ' εὐφροσύνας καὶ ἄλγεα πάντα τίθεσθαι
Ξυνὰς δ' αὖ μελεδῶνας. . . . . .

union intime que s'élève la prospérité d'une maison :

Nam domus his veluti gradibus se tollit in altum [1].

Mais pourquoi, ajouterai-je avec le saint évêque, vouloir énumérer ici toutes choses ? Je sais le moyen de me résumer en un mot :

. . . . Est tibi viva
Sermonisque operisque omnis... imago [2].

Vous avez, Mademoiselle, dans l'illustre famille au sein de laquelle il a plu à Dieu de placer votre berceau, des exemples à suivre, et qui suffisent à tout. Souvenez-vous seulement, et ce sera grand, et ce sera bien. Dieu sera glorifié dans vos œuvres, et les hommes auront à lui rendre grâces si vous repro-

---

[1] Gregor. Theol. Orat. funebr. in patrem.
. . . . . . ἐπεὶ τόδε οἶκον ἀέξει.

[2] *Ibid.*
Ἀλλὰ τί μοι τὰ ἕκαστα διακριδὸν ὧδ' ἀγορεύειν ;
Οἶδα δ' ἔγωγε παραιφασίην, καὶ τῆς μέγ' ἀμείνω.
Ἐστί τοι. . . . .
Παντός σοι μύθοιο καὶ ἔργματος ἔμπνοος εἰκών.

duisez, sous votre toit, la touchante image de ceux qui vous ont fait la meilleure part du bonheur de vos jeunes années.

Pour vous, mon cher enfant, — de ce nom permettez qu'une dernière fois je vous appelle, — vous avez, grâce au Ciel, traversé sans fléchir la plus périlleuse saison de la vie. Continuez désormais, à la tête de votre famille, la pratique des vertus, qui vous sont un besoin, non moins qu'un devoir. Soyez l'exemple et la force des vôtres, chrétien toujours, et, quoi qu'il advienne, toujours soumis aux lois de Dieu et de son Église. Je n'ose, même à ce prix, vous promettre des jours obstinément heureux. Je sais de quelles douleurs sont semés les chemins de notre exil. Mais je vous promets, outre l'estime des hommes, décidément réservée, quoi qu'on dise et qu'on fasse, à l'accomplissement du devoir, les fières joies du cœur et l'appui constant du Père céleste, qui est *votre Dieu et le dispensateur de vos années,* suivant la belle parole que l'Église va tout à l'heure, au moment de l'oblation du sacrifice, mettre, en votre nom, sur les lèvres du prêtre : *In te speravi, Domine, dixi : Tu es Deus meus, in manibus tuis tempora mea*[1].

Au surplus, mon cher ami, il ne tient qu'à vous de retrouver également dans l'histoire de votre famille la confirmation, par les faits, des vérités que j'avance. Le respect de leur présence m'interdit l'éloge des vivants. Mais, bien que jeune encore, n'avez-vous pas vu assez d'anciens de votre sang descendre dans la tombe, pleins de jours et d'honneur? — Et si la réserve que m'impose un deuil trop récent ne me défendait d'évoquer en ce lieu la mâle et belle figure de l'aïeul vénéré dont les œuvres perpétueront la mémoire, ne pourrais-je aussi proposer un admirable modèle à votre piété filiale? Vous le reproduirez, je n'en doute pas. Il est digne de vous; vous n'êtes pas indigne de lui. Le passé, que je salue de mon respect ému, me répond de l'avenir, que j'envisage avec confiance : vous êtes de la race des chrétiens et des forts.

[1] *Miss. Roman.* Miss. pro sponso et sponsa. Offertorium. Psalm. xxx, 15.

III. — Et maintenant, jeunes époux, ô mes frères bien-aimés, à cette heure solennelle, qui délimite les deux versants de votre vie, j'appelle sur vous les bénédictions du Dieu tout-puissant. J'appelle sur vous les bénédictions de la très-sainte et immaculée Vierge Marie, les bénédictions de saint Joseph, protecteur de cet heureux pays, patron de cette paroisse qui doit principalement à votre famille sa naissance et ses accroissements[1]. J'appelle sur vous, enfin, les bénédictions, oui, les bénédictions et les prières des chers absents que le Ciel vous a pris. La mort n'a pu que vivifier leur amour, et, venant de plus haut, leurs bénédictions doivent porter deux fois bonheur.

Que dis-je? encore qu'ils n'aient pas été convoqués à cette fête, ils y assistent néanmoins, invisibles comme le Dieu qui va recevoir vos serments. Il me semble même les entendre emprunter, eux aussi, les accents si doux du Théologien de Nazianze, et vous dire : « Enfants, nous sommes avec vous, et

[1] Saint-Joseph de la Louvière (Hainaut).

avec vous, joyeux, empressés, nous faisons fête[1]. A vous, en ce jour, tous nos vœux, les meilleurs, les plus ardents[2]. Nous les ramenons tous à ce souhait : Enfants, que le Seigneur Jésus daigne assister lui-même à vos épousailles[3]! Quant à nous, sinon du corps, du moins par le cœur, nous joignons vos jeunes mains, et les mettons, unies pour toujours, dans la main de Dieu[4]. »

J'ai fini. Je veux toutefois demander une dernière aumône au saint Docteur dont la

---

[1] GREGOR. THEOL. Cit. Epist. ccxxxii. Diocli. Etsi ad... nuptias minime vocati, adsumus tamen, et festum simul agitantes, et animi alacritatem præferentes. — « Οὔτε κεκλήμεθα πρὸς τοὺς γάμους..., καὶ πάρεσμεν, καὶ συνεορτάζοντες, καὶ συμπροθυμούμενοι. »

[2] GREGOR. THEOL. Ibid. ..... « Et vobis optima et pulcherrima quæque præferentes. » — « Καὶ ἐπευχόμενοι πᾶν ὑμῖν ὃ κάλλιστον. »

[3] GREGOR. THEOL. Ibid. « Unum autem bonorum illud est, ut Christus nuptiis intersit. » — « Ἓν δὲ τῶν καλῶν παρεῖναι Χριστὸν τοῖς γάμοις. »

[4] GREGOR. THEOL. Epist. cxciii, Procopio. Migne, t. XXXVII, col. 315. — « Juvenilesque dextras inter se jungimus, atque utrasque Dei manui. » — « Καὶ τῶν νέων τὰς δεξιὰς ἀλλήλαις τε ἐμβάλλω, καὶ ἀμφοτέρας τῇ τοῦ Θεοῦ. »

suave éloquence a jeté quelques fleurs sur la trame indigente de mes pensées, et, avant que ma main se lève pour recevoir et consacrer le don réciproque de vos cœurs, vous traduire dans sa langue immortelle les impressions de mon âme :

Jeunes et très-chers époux, les exigences de mon ministère et l'honneur de ma vocation me commandent de laisser à d'autres le bruit du monde et l'éclat des réjouissances [1]. Le devoir et l'attrait m'appellent ailleurs. Je n'en offrirai pas moins à vos noces le plus beau des présents, celui de la prière [2]. Avec elle, en deux mots, s'achèvera mon chant nuptial. Chers époux, que Dieu, du haut de Sion, vous bénisse : *Ego... nuptiale meum carmen vobis concinam :* « *Benedicat vos*

---

[1] Gregor. Theol. *Epist.* cxciv. Migne, t. XXXVII, col. 318. — « Nam tumultus quidem aliis concessimus. » — « Τῶν μὲν γὰρ θορύβων ἄλλοις παρεχωρήσαμεν. »

[2] *Ibid.* ..... « At nunc preces, ut donum omnium pulcherrimum vobis offeramus, nuptiis largimur. » — « Καὶ νῦν δὲ τοῖς γάμοις συνεισφέρομεν τὰς εὐχὰς, ἃς ἔδει δωροφορεῖν ἡμᾶς τὸ κάλλιστον. »

Deus ex Sion[1] *!* » Que de sa droite il cimente harmonieusement votre union : *Atque ipse matrimonium concinnet*[2] *!* Puissiez-vous voir ensemble les enfants de vos enfants, oserai-je ajouter, meilleurs encore, s'il se peut, et plus parfaits que vous : *Videatisque filios filiorum vestrorum, pene addidi, vobis quoque meliores ac præstantiores. Hoc et vobis... nunc opto*[3]. Voilà mon vœu. Qu'une couronne nombreuse enserre votre table, chers époux, afin que, par vous, s'accroisse le nombre des âmes prédestinées à publier sans fin les louanges du Roi éternel des siècles, de qui procède et la vie que nous avons reçue et la vie que nous donnons; vers lequel, à travers ce monde fugitif, chaque

---

[1] Gregor. Theol. *Epist.* ccxxxi. *Eusebio amico.* Migne, t. XXXVII, col. 373. — « Ἐγὼ δὲ ὑμῖν προσᾴδω τὸν ἐμὸν ἐπιθαλάμιον· Εὐλογήσαι ὑμᾶς Κύριος ἐκ Σιών *. »

[2] *Ibid.* « Καὶ αὐτὸς ἁρμόσαι τὴν συζυγίαν. »

[3] *Ibid.* « Καὶ ἴδοις υἱοὺς τῶν υἱῶν σου, οὐ πολὺ δ' εἰπεῖν, ὅτι καὶ κρείσσονας. Τοῦτο... καὶ νῦν ἐπεύχομαι **. »

* Psalm. CXXVII, 5.
** Psalm. XXVII, 6.

journée qui se lève accélère notre retour[1] !
Ainsi soit-il.

---

[1] Gregor. Theol. Cit. *Carm. ad Olympiad.* Sub fin.
Quo plures magni celebrent præconia Regis,
Quo geniti sumus, ad quem etiam hoc properamus ab ævo.
'Ὡς καὶ πλειοτέροισι Θεὸς μέγας ὑμνείοιτο,
Τῷπερ δὴ γενόμεσθα, καὶ ᾧ θέμις ἔνθεν ὁδεύειν.

8410. — TOURS, IMPRIMERIE MAME

www.ingramcontent.com/pod-product-compliance
Lightning Source LLC
Chambersburg PA
CBHW060621050426
42451CB00012B/2363